AF273894

LA EMPERATRIZ

La emperatriz

Valle Mozas

MARESÍA

Pie de Pãgina

Título original: *La emperatriz*
Primera edición, diciembre de 2025

© Valle Mozas
© Diseño de cubierta: Lucía Túnez Trilla
© Diseño y maquetación de interior: Marta Vega
© Fotografía de la autora: Fernando Gómez Fotos

Depósito legal: M-24823-2025
ISBN: 979-13-990802-4-7

No se permite la reproducción total o parcial de este libro, ni su incorporación a un sistema informático, ni su transmisión en cualquier forma o por cualquier medio, sea este electrónico, mecánico, por fotocopia, por grabación u otros métodos, sin el permiso previo y por escrito del editor.

La infracción de los derechos mencionados puede ser constitutiva de delito contra la propiedad intelectual (arts. 270 y siguientes del Código Penal).

Impreso de forma cariñosa en España.

Para mi abuelo

Es extraño no tenerte aquí. Los abuelos, como las estrellas,
siempre han estado en el mundo.

Te echo de menos.

Índice

Prólogo
Camila Mermet

Escribo este prólogo en mi nuevo hogar, en mi nuevo sillón, con mi gato maullando por la casa. Escribo este prólogo con todo el cariño y el amor que puedan caber en unas letras, en un word; trato de volcar en él un poco de luz del sol, un poco de abrigo, agua fresca, provisiones, un beso en la frente, hacer una mezcla y que llegue así hasta España para que no se note tanto la distancia. Escribo este prólogo para mi amiga Valle, a quien no conozco en persona y está a miles de kilómetros, pero me atrevo a llamar así por la poesía que nos une y nos hace parte de la vida de la otra.

De *El comienzo*, el primer libro de esta poeta, subrayé:

«Creo que sé dónde va todo aquello que no se nombra»

«Hazlo. Hazlo aunque sientas que nada ha cambiado, porque todo existirá ya de otra manera»

«en algún lugar, me das la certeza de que puedo amar la vida»

«Si los sueños fuesen fáciles, se llamarían deseos, y yo respiro, sangro, lloro y lucho por esto»

«Cuando decidí dedicarme a escribir, todo era rojo»

«Escribo para proteger un santuario»

De *La emperatriz*, este segundo poemario, brillante y luminoso, subrayé:

«Yo sí que sigo escuchando la canción. Me hace sentir que estás vivo»

«Ahora mi vestido negro siempre será el vestido de ese día»

«la herida no se curó, pero aprendió a escribir»

«no te hace falta entender el mundo para saber lo que es una promesa»

«Me entrego, no me rindo, porque sacrificar es hacer sagradas las cosas»

«Evitar sufrir es huir del arte»

Como se puede apreciar con solo leer estos versos, la poesía de Valle es transparente, nítida, traslúcida, como asomarse a un lago y ver el reflejo de las cosas o de uno mismo; es una poesía comprometida con la verdad, con la sinceridad, con el sentimiento, una poesía yoísta como decía Gloria Fuertes, que duele, ama, entiende, crece y tiende puentes con sus lectores, nunca los deja afuera.

Eso también es una decisión y un trabajo poético: desear que el poema sea un lugar para todos.

La poeta es la misma, pero al mismo tiempo siempre es diferente. Escribe sobre las cosas que más importan en la vida, los amigos, las amigas, la familia, el amor, la muerte, el agradecimiento, el dolor, la pérdida, la nostalgia por las cosas perdidas, el asombro por vivir en este mundo hermoso y peligroso. En épocas tan oscuras y tristes, de recetas justas para el éxito, de *trendings*, apuestas, visualizaciones, fotos montadas, en este mundo tan raro donde la verdad parece estar en peligro todo el tiempo, de inteligencia artificial escribiendo a pedido, Valle nos muestra que lo sagrado existe y que la poesía puede ser el lugar donde encontrar el corazón de las cosas.

Mi deseo es terminar este prólogo escrito a mano y dárselo en las manos a la querida y talentosa Valle. Sé que en algún poema o en un sueño eso sucede (quizás son la misma cosa) y después salimos a tomar un café por Madrid a hablar de las poetas que amamos. Me conformo con este final por el momento. Querido lector y lectora, ojalá veas lo que yo veo y guardes este libro de poemas, lo compartas, lo regales, se lo leas en voz alta a la persona que amas y le des sentido a nuestro trabajo como poetas, como mujeres enamoradas del lenguaje.

I

Si leo un libro y hace que mi cuerpo entero se sienta tan frío que no hay fuego que lo pueda calentar, sé que eso es poesía. Si físicamente me siento como si me hubieran arrancado la parte superior de mi cabeza, sé que eso es poesía. Esta es la única manera que tengo de saberlo. ¿Es que hay alguna otra?

Cartas, Emily Dickinson

El encuentro y la pérdida se solapan y se reconocen en una intimidad lejana. Cuando escribí este poema, pensé en cuántas personas han perdido todo lo que una vez construyeron junto a alguien a quien ahora se refieren con su nombre completo. No se me ocurre un golpe más sonoro que el de la caída de un imperio ante la distancia de un nombre y nada más. Quienes han levantado un imperio de la mano saben que las verdaderas ruinas son las de aquello que estaba destinado a ser legendario y ha acabado en las manos de lo ordinario. Como el nombre con el que naces pero que, por esa persona, no estaba destinado a ser con el que murieses.

El imperio

Se escuchó el eco de la caída de las antiguas civilizaciones
cuando nos encontramos y te saludé usando solo tu nombre.
Estrechamos las manos y se tensó el nudo una vez
usado de cinturón frente a cada combate que amenazara
[estos cimientos.
Nuestra piel se volvió un mapa al reconocerse,
indicándonos que estábamos ahí,
que cómo podíamos no vernos,
y cuando separamos las manos
el atlas que tanto esfuerzo nos llevó diseñar se arrugó
[en silencio,
humedecido por la vergüenza de saber
que ahora sus líneas carecen de propósito
si no volvemos a explorar esos lugares.

El nudo cedió después de la sonrisa de despedida,
dejó a ambos extremos libres y separados

—palabras que solo son opuestas cuando se lo imponen—
y volví a mi castillo,

el último en pie depués del ataque
que me puso de rodillas;
no te vi venir porque ya estabas dentro.
Cuando el sol repta en mi cara, el primer pensamiento se lo
[dedico
a mi elección de no saber qué estás haciendo,
dónde, cómo,
si algo te ha hecho feliz últimamente,
si necesitas mi ayuda
o si sabes que no hay un lugar en el mundo donde no me
[importe que te cuides.
Me apoyo en la muralla que me obligaste a levantar
y pienso en cada por qué.

Escribí este poema tras pensar obsesivamente en unos versos de Julio Cortázar, de «Bolero», uno de mis poemas favoritos: «si no somos capaces de aceptar / que sólo en la aritmética / el dos nace del uno más el uno». Pensé en cómo se espera que el mundo se detenga cuando estas matemáticas no nos salen. Es imposible que la vida avance tras un golpe así y, sin embargo, nada se detiene, nada cambia y a nadie le importa. La vida no se quiebra ante una pérdida, y esta aritmética nos recuerda lo terrible y lo esperanzador de eso.

La aritmética

La noche de la despedida
nada impidió que amaneciera,
las olas volvieron a llegar a la orilla,
los mismos rostros ocuparon el autobús,
el semáforo cambió de color después de un minuto,
los teléfonos sonaron y cada llamada fue contestada,
la casa permaneció en el solar que tocó su primer ladrillo
y la vida se hizo la cama para volver a despertar en el
                          [equilibrio de la creación.

El egoísmo del mundo me golpeó como el grito de un
                          [trueno en un valle vacío
cuando

la noche de la despedida
el amanecer debió ser raptado por la luna,
el llanto del mar habría desbordado las costas,
las ventanas no reflejarían las caras de los pasajeros,
las luces del semáforo se negarían a abandonar el luto,
cada llamada revelaría gritos de auxilio sin ningún rescate,

la casa ambulante se habría marchado y escondido de su
[dueño
y la nada insondable se tragaría la semilla de lo que fue
[y ya nunca será.

La indiferencia del cosmos me derribó con la rabia de
[un boxeador en mi espejo
cuando
comprobé que solo yo en el mundo entendía
que dos no volverá a nacer de
uno
más
uno.

QUEDARTE SIN RUMBO TE HACE desear encontrar a alguien a quien culpar. Sin embargo, no todo es tan sencillo como creer que el movimiento de las olas puede cambiar la dirección del océano. «El exilio» habla de las tormentas que deliberadamente provocamos y en las que nos adentramos con la seguridad de un vencedor que cree que volverá a casa, solo para comprobar que, mientras lo hacía, arrancaba sus raíces de la única tierra que quería habitar.

El exilio

No puedo considerarlo mi viaje
si he llegado hasta aquí porque tus olas me marcaron
este único camino.

No puedes culpar a un huracán
de cada daño colateral cuando fui yo
contra tu voluntad.

Todo lo que se llenó de nuestro peso
flota por las calles esperando a que alguien lo recoja
y lo haga suyo.

Mírame,
a la deriva en un estanque donde me diluyo en esta tinta
cuando una vez conocí el océano como el pulso a la sangre.

Te condené al exilio de mi corazón y fui yo quien se quedó
[sin casa.

OTRA IDEA QUE NACIÓ DE la inspiración de unos versos, esta vez de Alejandra Pizarnik en su poema «La noche»: «Poco sé de la noche / pero la noche parece saber de mí».

Para mí, la muerte del día nunca ha significado algo negativo. La noche es un espacio íntimo y verdadero, vulnerable y reflexivo. Solo en este momento la oscuridad revela lo que la luz oculta. Habitar la noche en tu única compañía es tan reparador como enloquecedor, porque algo está claro: nadie finge a escondidas.

ANIMALES NOCTURNOS

La noche sabe más de mí que el día
porque nadie finge a escondidas;
solo las estrellas nos han visto llorar al confundir
la aurora con un eclipse.

La oscuridad pertenece a quienes entienden
que la noche es la vigilia de la luz,
pero en la víspera de la fiesta
todo es más real que en la velada.

Crecer es preguntarse quién cuidará de mis sueños
cuando siento que soy un plenilunio situado
entre lo que quiero y lo que tengo,
lo que busco y lo que encuentro.

Medimos la noche en cómo la soñamos
y a mi balcón acuden serenatas sin invitación
para hacerme las preguntas que me mantienen en vela
—y aún se atreven a llamarlo insomnio—.

Cuando llega la mañana, nadie sabe que
el rocío
son las lágrimas de quienes hemos permanecido
despiertos.

II

Sé, de una manera visionaria, que moriré de poesía. Esto no lo comprendo perfectamente, es vago, es lejano, pero lo sé y lo aseguro. Tal vez ya sienta los síntomas iniciales: dolor en donde se respira, sensación de estar perdiendo mucha sangre por alguna herida que no ubico.

Diarios, Alejandra Pizarnik

Todas las cronologías de la historia del mundo culminan en pérdida, pero esta no termina nunca. Si se acerca el final, pongo la canción desde el principio. Releo *En el camino*, de Jack Kerouac: «No sabía a dónde ir, excepto a todas partes».

Pues claro que estás en todas partes, pero cómo me gustaría que estuvieras aquí.

El réquiem

En julio caminabas entre tulipanes
y en noviembre ocupabas una casa de madera.
En esos meses hiciste dos cosas importantes.
—No sé si para ti fueron importantes,
pero ahora yo pienso en ellas todo el tiempo—.
Le regalaste mi libro a la chica que te gustaba
y el lunes me enseñaste una canción que te recordaba al otoño.
Eso pasó un lunes,
pasó un lunes
pasó
un
lunes
y el jueves dejaste de fumar sin haberlo prometido antes.
Tres días.
Habían pasado tres días.
Me pregunto si ella no ha vuelto a leerme,
si su dolor afila mis versos como dagas
porque tú se los enseñaste.
Me entristece pensar que le hieren de una forma que nunca
[concebí al escribirlos.

Yo sí que sigo escuchando la canción. Tú tampoco creíste
                        [que me enseñabas un réquiem.
Yo sí que sigo escuchando la canción. Me hace sentir que
                              [estás vivo.
Durante unos minutos me convenzo de que esos tres días
se extienden
como un campo de tulipanes.

EL CENTINELA ODIA AL PRISIONERO tanto como el prisionero al centinela porque su desprecio está teñido de reconocimiento mutuo. Ambos acogen la crueldad del otro, han aprendido sus gestos y comparten sus límites. ¿Son el yo que vigila y el yo atrapado tan distintos?

El perdón no libera a nadie más que a ti. Salir de la celda construida por tus manos depende de la reconciliación que te otorgues. Esperar que el castigo traiga redención alguna es concederle a una semilla crecer bajo el cemento.

El prisionero

Otra noche soy su centinela.

Odio al prisionero
porque si le miro a los ojos su risa sonará como el eco
                              [confinado en la cueva.
Le odio porque recibe mi crueldad
igual que la orilla que ha moldeado su forma para acoger a la
                                         [misma ola
y porque conozco todas sus canciones y sé cómo acabaré si
                                            [bailamos.

Odio al prisionero
porque perseguirle es atrapar al atleta del túnel infinito
y vigilarle es contener un suspiro dentro de una caja fuerte.
Le odio porque una vez me dijo que el horizonte que he
                              [pintado en mi pared
es igual que el cielo que ha dibujado en su techo.

El prisionero se estira como una semilla bajo el cemento,
se hace collares con la metamorfosis de sus cadenas

y no ve nada más allá de su sombra atada al suelo
gracias a la luz que el centinela le proyecta.

Era una noche más,
pero la decisión llegó a mis manos
igual que la llave con la que me cerré por dentro:
te perdono para liberar al prisionero.

Solo así salí de esta celda.

CUANDO LA TIERRA ALCANZA SU afelio, se encuentra en su punto de la órbita más alejado del Sol.

Es imposible conectar con la esperanza en pleno exilio de uno mismo. Pienso que, quizá, todas esas veces en las que nos hemos alejado por completo de nuestra identidad y propósito solo orbitábamos nuestro propio afelio. La Tierra tarda seis meses en volver al punto más cercano al Sol. Quizá tardemos más. Quizá nuestro significado no llega tras el viaje, sino durante. Hasta el afelio más largo no se sostiene para siempre.

AFELIO

El huésped de un cuerpo con el nombre prestado visita el
                        [mundo como un turista.
No entiende la distancia entre dónde está y hacia dónde va
porque volver es un vértigo y no un destino
cuando está tan lejos como el Sol de la Tierra en julio.

El huésped de un cuerpo con el nombre prestado
rehúye encontrarse porque será una conclusión no alcanzada.
No sabe si cabe en lo que ama, así que se derrama en lo que
                                      [hace
y espera el permiso para ser alguien nuevo.

El huésped de un cuerpo con el nombre prestado
ha heredado la soledad del cielo porque busca las estrellas de
                                      [día.
Cree que está solo, pero tal vez no.
Quizá se desorientó y cogió el camino que le separaba de sí
                                      [mismo.

No morir no te convierte en superviviente.
Estoy aquí,
pero no sé qué significo.

Cuando mi abuelo murió, llevé un vestido de confusión, culpa y necesidad de explicaciones que aún no me he quitado.

El vestido de este poema comenzó como una de tantas compras y acabó ligado a un momento imborrable. En mi caso, fue más fácil jugar con la idea de que una elección cotidiana podía haber alterado el destino que enfrentarme a la realidad.

Durante el entierro, necesité pedirle que convirtiera su muerte en algo fértil y le diera un sentido al dolor. Tratar de ponerme el vestido para salir a cenar fue un intento de resignificarlo y liberarme de la identidad congelada en el día de la despedida.

Me ha costado llegar a esta conclusión, pero aquí la comparto. Todos tenemos un vestido y es imposible arrancárnoslo, o fingir que es otra cosa. Solo se puede llevar como una segunda piel y entender que, aun portado en soledad, el duelo es compartido.

No sé si este dolor tiene sentido, ni si mi abuelo me hizo caso y germinó, o cómo. Pero sé que de su ausencia sí que nació algo nuevo, y lo estás leyendo ahora.

El vestido

Cuando me compré este vestido negro en un pueblo de la
[costa
nunca pensé que me arroparía en la despedida.
Ahora mi vestido negro siempre será el vestido de ese día
y creo que yo también seré siempre la de ese día.

Me pregunto, con voz infantil,
si todo sería distinto de no haberlo comprado.
Claro, me respondo.
Cómo no iba a pasar esto, teniendo el vestido colgado en el
[armario.

Mientras llevo las flores, tan grandes que me esconden,
espío a los demás entre sus hojas.
Nadie mira mi vestido
porque todos piensan lo mismo de su ropa.

Cuántas malas elecciones entre todos, pienso.
Qué fácil era no haber llegado hasta aquí.

Mi vestido, tu camisa y sus calcetines esperaban este
[significado
porque no hay otra explicación.

No la hubo ni la habrá.
Y sé que no es mi voz infantil, es la psicofonía del duelo,
y sé que este vestido no es una grieta en el tiempo,
y sé que creer que tengo el poder de lo evitable es intentar
[bordar el viento.

Quizá mañana salga a cenar, medito.
Y me pondré este vestido.
Haz algo tú también por mí, entonces,
y haz que así encuentre algo de sentido;

para que ni este vestido ni yo seamos siempre los de este día,
tú no te limites a yacer.
Por favor,
germina.

CIRCE ES, POSIBLEMENTE, MI PERSONAJE favorito de la mitología griega. Desde aquí le agradezco a Madeline Miller que escribiera el libro epónimo que le hace justicia, me atrevería a decir, por primera vez en la historia.

He nombrado a este poema como a ella porque, antes que una poderosa hechicera, Circe es una mujer que decide reconstruirse. Solo de las crisis personales nace la obligación de la introspección. La isla en la que nos confinamos representa tanto el aislamiento como la posibilidad de redescubrirnos y, al final, no importa si el viaje es encierro o hallazgo: el rescate no llegará hasta que solo yo venga a por mí.

CIRCE

He naufragado en una isla desierta.
Confundí caer con volar
y el impacto del mar marcó mi realidad como un látigo.
Vago por esta tierra olvidada y me pregunto cuándo podré
[irme de aquí,
volver a casa.

En un horizonte sin testigos, cada paso es un comienzo;
si no sé hacia dónde voy, no puedo perderme.
Sentí infinita a la esfera de mi isla
hasta que me detuve y pude ver que era una curva.
No volveré a huir del futuro. Mi prólogo me necesita.

Estoy sola en mi isla
y he comenzado mi rescate.
Me hundo,
pero si busco un puerto para salvarme
será solo en mi orilla.

Creer que no hay escapatoria
o
que he encontrado el paraíso
es entender que salir
o
entrar
dependerá del sentido que le dé al viaje.

Todo está bien hasta que el elemento más trivial se cuela en la memoria, la activa y la detona. Esta forma tan violenta de recordar solo es el testigo de las huellas invisibles que deja el amor, del tipo que sea, y de cómo pueden aparecer en cualquier momento con la forma de una garra. Es en estos momentos en los que vemos que, en realidad, nunca nos hemos alejado del mismo inicio que creímos haber dejado atrás cuando empezamos esta huida. «Tu ausencia me traspasó / como un hilo a una aguja —escribe W. S. Merwin en su poema «Separación»—. / Todo lo que hago está cosido con su color».

GÉNESIS

Un día entra la luz de una forma concreta,
acaricio a un gato,
escucho una palabra que no oía en años,
no recuerdo tu casa hasta que una tienda huele igual
y pienso en ti.

A veces, siento tanta pena que quiero contárselo a las estrellas,
pero en noches así
nunca salen,
porque les aterroriza decirme que en sus millones de años
no han aprendido cómo negar un deseo.

Pienso en cuántas cosas legendarias
mueren como algo ordinario,
cuántas ruinas son reconocidas por lo que son
y no por lo que
fueron.

Me da miedo sentir que vas a estar en mi corazón siempre
y que

ningún
lugar del mundo volverá a vernos
en la misma habitación.

Cuando exploramos nuestra propia narrativa, encontramos una ambigüedad inherente. Da igual, por lo tanto, si nos estamos reconstruyendo o regresando a quien ya fuimos: no quiero que mi vida sea un viaje en el que debo encontrarme, sino una travesía en la que continuamente puedo crearme. Desear que un yo anterior se aparte y permita que el nuevo sujeto continúe no niega el pasado, sino que lo sostiene con compasión mientras se concede las infinitas oportunidades de transformarse.

EL SACRIFICIO

Esta noche,
un solo deseo:
que la persona que era se tumbe y deje que yo continúe el
[viaje.
Intenté encontrar el origen del mito y llegué a casa
sin saber si me estoy creando o volviendo a quien ya fui.
No sé si importa, ni si existe una diferencia,
pero sé que esta valentía es el mayor terror,
que soy el filo del alba que siempre le pertenecerá a la noche,
que la herida no se curó, pero aprendió a escribir
y que no sacrificarme por la vida que quiero
hará que esta vida sea el sacrificio.

Elijo continuar el viaje.

III

Puedo elegir entre ser incansablemente activa
y feliz o introspectivamente pasiva y triste. O
volverme loca rebotando entre ambos extremos.

Diarios completos, Sylvia Plath

Escribí este poema para el proyecto artístico solidario «Vida en cada latido», gestado dentro de Agarra la Vida, una asociación sin ánimo de lucro nacida en La Rioja y unida al Teléfono de la Esperanza. Aquí, el arte se utiliza como vehículo para visibilizar y promover la importancia del cuidado de la salud mental y emocional y prevenir el suicidio.

La ataraxia, entendida por el filósofo griego Epicuro, es la imperturbabilidad del alma. La naturaleza tiene muy asumidos sus límites y, sin embargo, todos ansiamos florecer bajo nuestros propios tiempos y condiciones, entregándonos a la desesperanza si ese momento se prolonga demasiado. A veces esa espera se hace interminable. Sin embargo, el cielo nunca está tan oscuro como justo antes del amanecer.

Este poema es una celebración de la calma que nace de la aceptación. La ataraxia no niega el dolor, pero lo asume y, al hacerlo, se convierte en fortaleza. Seguir aquí es la verdadera resistencia.

ATARAXIA

Comprendo el beso entre las hojas y el suelo en otoño
y cómo el hielo invernal le devuelve el tacto al agua.
Sé que el olor de la primavera reclama un despertar
y que el sol del verano desviste a un pétalo de su color.

He esperado florecer todo el año
cuando la naturaleza aceptó hace mucho que no puede.
Ahora sé que un final es una puerta que cruzo para
                                        [esperarme,
porque estoy viniendo a por mí.

Cada vez que la belleza más mundana me sorprenda
apareciendo sobre el fondo en negro de mi pecho
sabré que es una proyección: viene de dentro.
Lo sé como sé que un cielo sin estrellas no es la muerte de la
                                        [noche;

lo miro y siento que su promesa del mañana sigue aquí.
Yo también sigo aquí.

Nuestro pirata no es ningún bandido romántico, sino un individuo que se permite sufrir y soñar mientras trata de sobrevivir en mitad de un naufragio emocional. Quiere surcar el cielo, no el mar. Cuando el destino no se encuentra en el puerto conocido, sino en uno aún por descubrir, aparece el desarraigo, la rebeldía existencial y la búsqueda de sentido en un mundo que impone expectativas ajenas.

Ya se lo cuestionaba Walt Whitman, en su poemario *Hojas de hierba*:

> La pregunta triste que vuelve:
> ¿qué hay de bueno en medio de estas cosas,
> oh, yo, oh, vida?

Afortunadamente, también nos lo respondió él mismo:

> Que estás aquí – que existe la vida y la identidad
> que prosigue el poderoso drama y que tú puedes contribuir con
> [un verso.

El pirata

Soy un pirata en el mar que flota y llora en agua salada.

Todos me miran
pero nadie me ve soñar cada noche con navegar el cielo.
El desarraigo ha roto mi brújula
porque no sé sobrevivir en un suelo inundado.
No quiero herir a mi costa,
pero desde que me arrojaron al océano
y posé las manos en mi timón
supe que me esperaba otro puerto.

Deseo que la violencia de las olas
embista mi barco y lo
eleve.
Atravesaría cada noche sin estrellas
sobre la luna menguante como barca,
y la oscuridad del cielo me recordaría
que cuando un gigante devora el mundo
los deseos los cumples tú.

Siento a la vida en su forma típica
como una traición personal.
Las agujas del reloj de la existencia
bailan al compás de la decadencia
cuando no quiero cumplir su ritmo de expectativas.
Soy un pirata en el mar que flota y llora en agua salada,
y no sé nada, excepto lo más importante:
mi piel se llenará de arrugas, pero mis recuerdos no.

Solo cuando sea el capitán de mi vida
sabré que fue
extraordinaria.

Escribí este poema pensando en mi abuela, diagnosticada con demencia desde hace años. Afortunadamente, tanto mi familia como yo pudimos disfrutar de casi toda una vida a su lado sin estar marcada por esta enfermedad.

Envejecer con dignidad implica ser visto, escuchado y tratado con respeto. No se me ocurre algo que me asuste más que la pérdida total de la identidad. Me daba mucha pena descubrir cómo mi abuela, poco a poco, se alejaba de la persona que había sido. Fue entonces cuando reflexioné sobre lo valioso que es que nosotros se lo recordáramos y no permitiéramos que esta transformación vital erradicara a la mujer que conocimos. Esa mujer siempre será ella, sin importar dónde decidan llevarla sus alas.

Las alas

Comerás en mi casa después del colegio,
te iré a ver a todas tus competiciones
y pasaremos el verano en el pueblo.
Explotaré de orgullo cuando acabes el instituto,
cada Navidad prepararé la mejor comida
y dejaré de viajar, porque me duelen las piernas.

Te irás fuera, a la universidad,
y cuando me pregunten dónde
confundiré el nombre de la ciudad.
Esta Navidad voy a necesitar ayuda
y empezaré a viajar, lejos,
con unas alas invisibles,
sin que nadie se dé cuenta.

Me costará entender qué estudias.
Esta Navidad no haré yo la comida
y, sin decírselo a nadie, sentiré
que la vejez cada vez tiene más frío
y elige cubrirse con el abrigo de mi
mente.

Cuando encuentres tu primer trabajo y me llames cada día,
al salir,
siempre te preguntaré si ya has llegado a la casa
en la que dejaste de vivir hace siete años.
La Navidad pasará a ser un concepto abstracto
cuando hace tanto que olvidé medir el tiempo.

Mis viajes serán más largos
y mi pecho se estrechará cada vez que, al volver,
vea que allí se han quedado los nombres de mi familia.
Mis ojos se transformarán en el tobogán de la rabia
cuando los olores intenten liberar recuerdos
y descubra que no sé cocinar.

Confundiré los gestos de cuidado
con amenazas;
todo lo que hacéis
por mí
solo es el reflejo de todo lo que yo ya no puedo hacer
por vosotros.

Pero no soy yo, no soy yo,
y tenéis que saberlo,
y tenéis que perdonarme.

Quiero que me recordéis como la estructura que sostuvo
[vuestra casa,
vuestra vida,
no como una llave atrapada en la cerradura de la puerta del
[presente.

Sigo siendo yo,
pero hace tiempo me crecieron unas alas,
emprendí un viaje
y, en cada retorno,
me quedaba allí
un poco más.

Tener 14 años, una mejor amiga por la que darías tu vida y todo el verano por delante es lo más parecido a pisar el cielo sobre la tierra.

«El banco» tiende un puente entre dos momentos vitales: la adolescencia, como un espacio de inocencia y plenitud, y la adultez, como un lugar más realista y consciente. Esta dualidad queda permanentemente unida por el mismo banco, desde el que las dos amigas continúan queriéndose a través del tiempo y sus transformaciones. El banco, con sus iniciales grabadas, es una oda a la amistad verdadera, a la aceptación del cambio que trae crecer frente a cada metamorfosis.

El banco

Tienes 14 años,

es junio

y vuelves de la feria con tu mejor amiga.

Os sentáis en vuestro banco, grabáis vuestras iniciales en él

y no te hace falta entender el mundo para saber lo que es una

[promesa.

Reís y suena igual

que el vuelo de un pájaro que nunca ha sido abatido en el

[cielo.

Llegas a casa más tarde de la hora elegida por tus padres,

pero no te importa, ni a ellos,

porque entras riéndote,

porque apareces con el verano en la boca,

porque tienes 14 años y una mejor amiga

y la quieres.

La felicidad no pesa, por eso andas de puntillas.

Tienes 14 años y una mejor amiga

y nunca os han roto el corazón,

aunque falta poco,

pero no lo sabéis.

Los exámenes han acabado y sabes que los mayores trabajan,
que la comida se compra y la ropa se plancha,
que el sol no sale igual para todos,
pero solo son adivinanzas que aún no debes resolver,
porque ahora las clases han terminado,
te vas de campamento,
ella vendrá a las fiestas de tu pueblo
y desayunaréis chocolate caliente hecho por tu abuela,
porque hubo un pasado donde sus manos recordaban.
El mundo es un jardín muy pequeño y cada día os ponéis
                              [una flor distinta en el pelo.

Tienes muchos más años,
es junio
y habéis cenado juntas porque has vuelto unos días a la
                                            [ciudad.
Ya no hay exámenes y las dos tenéis trabajo.
Tu mejor amiga no está bien y por primera vez
sientes que tu amor por ella
no es suficiente.
Te gustaría cogerlo y colocarlo
en su mente
como una vez sostuviste su mano
en la feria.
Los pies tocan el suelo
porque el mundo es un bosque de trampas invisibles

VALLE MOZAS

que te enseña a mantenerte en guardia,
como una flor en la pared
y no en el pelo.
Os sentáis en un banco y,
si cierras los ojos,
puedes sentir el aire del verano
y cómo su aroma infantil
te transporta a ese pequeño jardín
inmaculado.
Cuando vuelves a mirarla,
piensas en proponerle grabar vuestras iniciales,
pero estáis en
otro banco,
pero estáis en
otra vida.

Hay algo extraño y magnético en los lugares públicos cuando están vacíos. Siento que nuestra percepción llega a alterarse de tal forma que un sitio ruidoso y funcional, bajo el manto de la noche, puede parecer el umbral de una dimensión que aún no ha sido descubierta.

El amor tiene el poder de reconfigurar cualquier espacio cotidiano.

El baile

Una vez, estuvimos en el centro comercial
y era tan tarde que todo estaba cerrado.
Dimos un paseo, de la mano,
dibujando formas en el silencio de ese pueblo fantasma
con nuestra risa,
con nuestro camino de huellas,
con nuestras preguntas sobre qué hacer mañana.

Allí estábamos, como muchas otras veces en ese lugar,
pero nunca como aquella.
Sabía que la vida volvería en unas horas,
que el ruido de la cotidianidad inundaría cada pasillo
y guiaría con delirio los zapatos,
pero me gustó pensar que el mundo se había detenido un
                                        [momento
para que tú y yo nos descolgáramos por su cuerda.

La noche
hace que todo lo que cae en su vientre adquiera una forma
                                        [distinta;

las tiendas custodiaban portales a mundos secretos
y supe que en lo alto de las escaleras mecánicas esperaba
el cielo.
Fue entonces cuando te solté la mano y suspendida de tus
[dedos di una
vuelta.
Me cogiste de la cintura e improvisamos el peor vals de la
[historia.
En unas horas, pensé,
la gente comprará comida y descambiará chaquetas,
las palomitas caerán al suelo del cine,
alguien tendrá una cita junto a la fuente,
los niños llorarán de aburrimiento
y nadie lo sabrá,

no sabrán que hace un rato
tú y yo estuvimos allí,
bailando,
mientras nadie en el mundo
miraba.

Nunca desaparecemos del todo de algo que hemos habitado y querido profundamente. Los fantasmas de esta casa encantada son tan inofensivos como el polvo que sobrevive al olvido, pero tan letales como la certeza del cambio. Las paredes de este hogar quedarán impregnadas para toda la eternidad de un amor, amistad, creación y rutina que los futuros habitantes jamás llegarán a imaginar. Su interior albergó una historia cuyo ruido no puede sintonizarse desde este presente, pero sigue haciendo vibrar los cimientos.

Los espacios nos definen igual que nosotros a ellos, y hay una magia triste y liberadora en asumir que todo puede cambiar de significado.

La casa encantada

Esta casa dejará de pertenecernos un día.
Sus paredes aspirarán nuestros recuerdos
y los devolverán como partículas de polvo
que los nuevos inquilinos limpiarán los domingos
sin pensar que son residuos de otra vida.

Alguien pondrá la mesa,
pero no será nuestra comida.
Alguien le regalará a alguien una caricia en el sofá,
pero no serán nuestras manos.
Alguien elegirá canciones,
sin saber que nuestros amigos también las bailaron,
en el salón,
mientras bebíamos vino en tazas.
Alguien se reirá y provocará eco al colisionar con nuestra
[ausencia.

Las estaciones cambiarán, pero
no sentiremos el mismo frío ni la misma esperanza.
Alguien colocará un adorno de Navidad

en la estantería que antes exhibía nuestra fotografía
como un triunfo de lo ordinario.
La luz de las diez de la mañana entrará por esta ventana
pero no iluminará las mismas cosas.
Alguien se sentirá solo en el mundo
en el lugar desde el que yo te veía dormir.

Alguien encenderá una vela,
pero no olerá a madera, limón y magnolia.
Alguien entrará por la puerta,
pero traerá diferentes miedos
y se despertará por otros sueños.
Alguien bailará con alguien y los vecinos confundirán
sus
pasos
con el retorno de los nuestros.

Un día, dejaremos de pertenecerle a esta casa.
Alguien respirará
sin saber que aquí,
una vez, yo
escribía todo el día y te quería toda la noche.

RECONCILIARSE CON LA PROPIA COMPLEJIDAD se parece bastante a asumir que, a veces, no somos el héroe del relato, sino el artífice de un cuento de hadas oscuro y subvertido. Soy una persona demasiado consciente de sí misma, muy exigente y autocrítica que sufre mucho cuando transgrede algo. Quise escribir este poema como una declaración de identidad y supervivencia. No quiero calmarme y decirme que no pasa nada, que sigo siendo lo suficientemente buena. Quiero un manifiesto al que volver cuando necesite sentir que la realidad está compuesta de imperfecciones y contradicciones y que yo soy parte de ella. Tengo derecho a arruinar algún baile. Solo espero que, después, alguien quiera volver a bailar conmigo.

L'enfant terrible

Espero arruinar muchos bailes,
estropear varias fiestas
y destrozar numerosas ceremonias.
Espero atravesar el jardín perseguida por los lobos
sosteniendo mi pesado vestido mientras corro
y suenan los primeros acordes de «Lacrimosa»,
espero arañarme los brazos entre los rosales
y sentir el dolor de decepcionar
como una virtud de estar viviendo.
Espero perderme en el laberinto,
caer por un agujero
y ver quién quiere sacarme y quién no,
espero mirar atrás
y no reconocerme muchas veces
porque significará que ahora estoy lejos.
Espero que me perdones y que yo también lo haga,
espero que debajo del corsé queden costillas
que todavía quieran proteger a este corazón
y espero permitirme ser terrible
solo para decir

aquí estoy,
acabó el viaje del antihéroe
y claro que pude volver para contarlo.

Diría que es fácil olvidar el poder transformador que protege la ternura, pero tengo la suerte de tener un padre que nunca deja de recordármelo.

No hay autocrítica feroz que no pueda desmontarse con el consuelo absoluto del amor incondicional.

Gracias, papá, por quererme tal y como soy y por dejarme practicar ser quien quiera ser, sin miedo. Gracias por hacerme saber que mi existencia es suficiente.

La ternura

«Gracias por existir»,
me dijo mi padre,
una noche de lunes.

Mi día había sido muy completo,
antes de escucharle.
Estuve enumerando todo lo que había hecho mal desde la
                                    [Creación hasta hoy,
me avergoncé de mí tantas veces como sístoles sostuvo mi
                                                    [pecho
y pensé en la persona áurea que podría ser si solo me
                              [esforzara un poco más.

Cuando lo dijo, detuvo la gravedad
y mientras me elevaba pude ver todo desde arriba.
Practicaré ser quien quiera ser mañana.
Fallaré e importará lo mismo que la lluvia cayendo sobre el
                                                    [mar.
No me preocupa, pienso por primera vez en todo el día;

tengo un padre hacia el que puedo correr cuando quiera
y que
agradece que exista.

IV

La buena escritura parte de una premisa
sencilla: tu experiencia no es solo tuya,
sino una metáfora de la de todos.

Dorianne Laux

El cuervo, como símbolo, no me inquieta. En la literatura siempre aparece representado como una figura ambigua, mensajero entre dos mundos cuyo presagio depende de la interpretación que quieras darle.

En este paseo entre lo real y lo simbólico, entre la fe y la razón, entre los muertos y los vivos, el cuervo acompaña y ayuda a articular el duelo. No es necesario encontrar consuelo en la claridad cuando, simplemente, no la hay. No sé quién responde por nosotros, o si somos los arquitectos detrás de cada idea. El cuervo no quiere ayudarte a resolverlo. El cuervo atraviesa el cementerio como lo haría cualquiera: melancólico y con una insólita lucidez.

El cuervo

Un cuervo me sigue de rama en rama
en mi paseo por el cementerio.
Las flores reconocen mi dolor
y se cierran como ojos somnolientos
para fingir que no me ven.
Me siento como un niño que ha vivido el último día de su
                              [infancia sin saberlo
y le tiro una piedra al cuervo.
Tenemos una conversación en mi cabeza y no sé si eres tú
o soy yo tratando de responder como tú.
Lo que sí sé es que hace seis años me dijiste que para perseguir
                              [algo que te gusta
siempre tienes que dejar atrás algo que también te gusta,
pero ya no sé qué quiero ni qué me queda por querer.
Me pregunto si el ciprés sabe que da sombra a quien ya se
                              [esconde de la luz,
o quién me responderá las preguntas que ya no puedo
                              [hacerte,
o si hay esperanza en el pasado.

El cuervo me sigue todavía,

esperando que alguien diga algo más.

Ni siquiera sé si he sido yo quien ha dicho todo eso.

Hablar con Dios se parece bastante a hablar contigo mismo.

Nuestro vínculo es el eje que le da sentido a todo, y aun así la reciprocidad eterna no es algo que pueda exigirse. Elijo quedarme en este momento presente, entonces, agradeciéndote que conviertas lo trivial en un milagro y esperando que sigamos queriendo compartir nuestros sueños mañana. «Eres la medida con la que calculo todo lo bueno que me pasa», te escribí en *El comienzo*.

Quiero cambiarlo.

Eres la medida.

En particular

Si dejo de identificarme contigo habré perdido mi identidad,
pensé.
No había pasado nada y lo había pasado todo,
porque escucharte hablar de cualquier cosa
es ver crecer una ola en la calle.
No habías hecho nada especial,
nada además de hacerme creer en ti en particular
porque no sé quién soy en general,
y supe que otra sangre no es tu sangre,
porque una me haría vivir y otra me mantendría con vida.
Nadie puede prometer nada más lejos de hoy,
así que elijo creer en el destino
de las líneas de tus manos como cuerdas;
si otros ojos acaban custodiando mis sueños
debes saber que estaban reservados para ti
y que por eso una parte de mí
siempre
seguirá dormida.

ESTE JARDÍN ALBERGA MI MUNDO interior y la relación que encuentro dentro entre la creación artística y mi propia vulnerabilidad. El acto de escribir se convierte en una forma de supervivencia cuando me debato entre el aislamiento y la conexión.

En este jardín fértil pero peligroso, mi mente se aferra a la creación como forma de sostenerse.

Al otro lado de este místico paraíso, se encuentra alguien que observa con paciencia y acompaña sin invadir. Aunque no siempre pueda verme, no hay un día en el que no transite hacia ese núcleo capaz de ayudarme a distinguir la realidad de la ilusión, la esperanza tras las trampas. Sin esto, muchas veces, no sabría cómo encontrar el camino de vuelta a casa.

EL JARDÍN

Ya me conoces,
mejor que nadie.
Vuelvo a estar en un ciclo obsesivo
y me cuesta encontrarle el sentido a las cosas,
excepto a esto.
Me ves mancharme el meñique de tinta,
leer el mismo poema varias veces
y luchar contra cada pensamiento salvaje y cautivo.
Escribo como si mi vida dependiera
de todo lo que crece en este jardín encantado.
Hay una planta que nadie sembró, pero siempre estuvo ahí
y una sirena en un estanque donde no se ve el fondo
a quien le debo todos mis naufragios.

Me observas, tienes paciencia.
Piensas que mi jardín es la bendición de una maldición
y lo paseamos, cuando te dejo entrar.
Hoy no lo hago,
pero nunca me pides nada más que este momento.
Crees que estoy escribiendo, pero en realidad estoy pensando

en cuánta gente podrá decir
que cada día camina hacia algo en lo que creer.
Es una de esas noches en las que el jardín está sellado
y no sabes que estoy dando pasos a tu encuentro,
pero aún entre las enredaderas yo sí veo tu cara,
al otro lado.
Si no volviera a mirarte, no distinguiría el mundo de una
                                                    [trampa.

A veces, la absoluta certeza de que todo está perdido solo necesita expandirse lo suficiente en el tiempo para comparar su tamaño con la magnitud del todo. La segunda parte de «El imperio» habla de la resiliencia, del perdón y de la reconstrucción mutua. Parece que el imperio más poderoso puede caer para terminar alzándose como algo menos imponente pero más indestructible.

Cómo saber que un imperio puede restaurarse, te preguntarás. No lo sé. Pienso en el final del poema «La naranja», de Wendy Cope: «Te quiero. Me alegro de existir». Supe que nada era más importante que esto.

EL IMPERIO II

No me orienté por el camino, fuiste tú mi deseo de llegar.
Cuando me presenté delante de ti no supe qué decir,
así que sostuviste todos los abecedarios.
No sabías qué esperar de mí,
por lo que me aprendí todos los números de un circo.
Cuando aparecí con el cofre de nuestro oscuro inventario,
con la necesidad de visitarlo otra vez,
creías que habías perdido la llave.
Desenterré el hacha, entonces,
rompí la cerradura y lo encontramos vacío.

Pensé en las veces en las que llevé mi fantasma a cuestas,
asustando a la gente de la aldea, citando su rechazo como

[un mantra,

y tú me abriste las puertas de tu castillo
dejándome embrujar tu torre.
Volver sin regresar es una forma de morir
y ahora estamos en casa.
Fue necio por mi parte creer
que la historia había dejado de escribirse

cuando somos las únicas personas que hablan el dialecto
[secreto
que les salvó la vida en cada guerra.

Salimos al balcón,
compartimos la noticia con el reino.
El silencio se había alargado más de lo que era justo;
escuchar nuestras voces confirmó el eco que nunca dejó de
[esperarse
y nuestros pueblos volvieron a ver el nacimiento de un
[imperio.
Esa noche te llamé
y solo ese nombre
volvió a inventar el lenguaje.

LA MUERTE DE MI ABUELO fue tan disruptiva que hubo momentos en los que sentí que todo era un sueño. Las palabras, la gente, las flores, mis pasos llevándome a sitios. Sin embargo, nunca experimenté la realidad con más peso que al ver a mi madre y mis tías desde una perspectiva completamente nueva para mí: como hijas vulnerables que querían a su padre y no como las figuras adultas y fuertes a las que estaba acostumbrada. Esta transformación de mi mirada hacia ellas me hizo crecer de golpe. Ahora sé que nunca dejamos de ser niños que miran el mundo sin entender tantas cosas. Y lloran.

LAS NIÑAS

Mientras hablaba desde el altar para despedirle
miré a mi madre y a mis tías
pero, de repente, ellas
no eran mi madre y mis tías,
eran niñas otra vez,
eran las niñas que nunca conocí hasta ese momento
y quise cuidarlas y quise hablarles
pero no habría sabido qué decirle a alguien tan pequeño
porque sus pies no llegaban al suelo de la iglesia
y por sus ojos supe que
nunca pensaron que su padre pudiese convertirse en una flor.

Cuando me senté y mi madre me cogió la mano
volvía a ser mi madre
y desde el banco de al lado mis tías eran mis tías
y pensé que me lo había inventado todo,
y dejé que
me sostuvieran
y me consolaran
y me cuidaran ellas a mí

con sus vidas más largas que la mía,
con su fuerza de titán,
con su mirada capaz de entender el mundo,

pero en sus ojos volví a ver que
nunca pensaron que su padre pudiese convertirse en una flor.

Sɪ ʜᴀs ʟᴇíᴅᴏ ᴍɪ ᴘʀɪᴍᴇʀ libro, *El comienzo*, es posible que sientas que «Las brujas» es la hermana oscura de «Las amigas». Al menos, así lo concebí yo. Ambos poemas celebran lo mismo: la imprescindible unión de las mujeres, tengan la relación que tengan.

Las mujeres de mi vida son fuertes, inteligentes, valientes, humanas. Nos queremos, admiramos e inspiramos. La sororidad no se queda en la compañía, sino en la ausencia de juicio, en su compasión y continuo esfuerzo por entendernos y elevarnos.

Solo cuando el fuego deja de ser amenaza para volverse comunión, se puede celebrar lo femenino en su dimensión más profunda. Si nos sostenemos las unas a las otras, lo tenemos todo. No sé a dónde voy, pero siempre me dirijo a ellas.

LAS BRUJAS

El humo de la hoguera ascendió tanto
que al tocar la luna llena pareció un interrogante.
Cuando el aire entre nosotras se incendió,
no vimos arder ningún deseo porque estábamos todas aquí.

Me han enseñado que bailar junto a las llamas
hará que me queme
y donde otros convoquen al tribunal
ellas solo verán que he vivido.

Nos reconocemos en la luz
y nos sostenemos en la sombra.
Crecemos junto al fuego, pero a su lado
nunca hay juicio.

Guardan mis secretos de ónix repartidos en sus bolsillos
para que su peso no me impida alzar el vuelo.
Que el jurado ponga el grito en el cielo;
nosotras somos una con la tierra.

Cuando ardo, ellas me dicen
que la vida empieza muchas veces.
Necesito que me lo recuerden
cada vez que me convierto en polvo:

en mis cenizas, me leen el futuro.

DESDE QUE LO RECUERDO, NOCHEVIEJA ha sido la festividad que menos me ha gustado durante la Navidad. Siempre me ha generado una extraña sensación de ansiedad, un inexplicable presagio de desastre. Creo que es por el hecho de no poder escapar ni de un final ni de un comienzo.

Una noche, estaba con mis amigas y una de ellas nos leyó el poema «Todo es muy simple», de Idea Vilariño. Nos quedamos comentándolo y dándole vueltas, en especial a los tres últimos versos: «Asumiendo mi vida / mi tránsito / mi tiempo». Encontré una gran paz en la palabra *tránsito*, porque me hizo pensar en que estoy aquí para pasar entre diversos estados, con la certeza de que es imposible asentarse en ninguno, sea positivo o negativo. Puedo abrirme siempre que quiera a la vida que quiera.

La última noche del año

La última noche del año
no es mi favorita
porque nunca sé si mirar hacia delante
o hacia atrás.

El tiempo se detiene
mientras el reloj baila con la medianoche;
deseo que sus agujas
cosan las mañanas que aún
no existen
con las promesas que en otro tiempo
no pude cumplir.

Esta noche veremos salir al primer sol de todos
mientras descubrimos
el camino de vuelta a casa.
La purpurina de los zapatos
manchará el asfalto
y volveremos a ocupar la forma de extraños
que esperan.

El próximo año no seré quien soy ahora.
Mi amor,
mi perdón,
mis errores,
mis sueños,
mis palabras,
mi veneno,
mi luz,
mi pena
se ríen de mí mientras se alejan;

he vuelto a caer en la trampa
de ignorar
que
todo
es
transitorio.

LA IDEA DETRÁS DE ESTE poema se gestó gracias a la canción «I Want You To Love Me», de Fiona Apple. Mientras la escuchaba, un verso me impresionó tanto que me hizo pensar en su significado hasta que yo misma empecé a escribir compulsivamente. Es una canción tan buena que acabo de decidir que no voy a desvelar qué verso fue, para que la escuches.

Inspirado en el mito de Perséfone, reina del Inframundo a la vez que diosa de la primavera, este poema es una reflexión sobre la dualidad, la aceptación personal y la transformación.

Es mucho más sano aceptar nuestra sombra como una parte inseparable del yo y no temerla como a una amenaza. Perséfone, para mí, representa la capacidad de convivir con ella y sostenerla para entender que la oscuridad no es la negación de la luz, sino su necesaria compañera.

Solo dejando de escapar de uno mismo podemos abrazar la totalidad de la experiencia y estar un poco más cerca de conocer quién queremos ser. Perséfone se convierte en nuestra guía personal en este descenso al Inframundo y nos recuerda que la luz siempre se hará camino, si le dejamos. «Hay una grieta en todo, así es como entra la luz», canta Leonard Cohen en «Anthem».

Me entrego, no me rindo.

PERSÉFONE

Me dijiste que allá donde vaya
siempre me acompañará mi sombra.
No te creí hasta que se hizo de noche
y mientras lo contabas no era a mí a quien mirabas.

La oscuridad no habla, pero responde;
un sonido lo sigue siendo estés o no para escucharlo
y este ruido canta que me entrego,
no me rindo.

Me entrego, no me rindo,
porque sacrificar es hacer sagradas las cosas,
porque al aceptarme tiré la llave maestra
de cada intento de huida.

Transito entre ambos mundos no como castigo, sino puente,
y pienso en el dolor y en la esperanza:
si hubo vida durante,
cómo no va a haberla después.

Sé que puedo ser el luto de la primavera
igual que puedo custodiar semillas bajo la nieve.
Puedo ser el grito y el suspiro, el error y el acierto.
Puedo serlo todo en la misma noche y estará bien.

Me dijiste que allá donde vaya siempre me acompañará mi
                                                    [sombra
y lo entendí, y sentí paz aquí,
bajo tierra:
significa que la luz no le teme al descenso.

El último poema de este libro está dedicado a la fuerza detrás de su creación. La emperatriz es el tercer arcano mayor del tarot y mi carta predilecta.

La emperatriz simboliza la energía femenina y la fertilidad. Para mí, esta capacidad de crear va más allá de su explicación reproductiva. La emperatriz sostiene el poder de la creación y su capacidad de gestar y traer vida. Manifiesta mis anhelos y actúa como puerta entre mis ideas y su materialización. Coge mis sentimientos más magníficos y terribles y hace de ellos algo tangible.

No sé qué sería de mí sin escribir, solo sé que no sería yo. Crear es la única constante que siempre me ha salvado. Conectar con mi creatividad me ha ayudado a conocerme y a entenderme de una forma sana y ha hecho que me sienta acompañada cada vez que alguien se ha identificado con algo que he escrito.

En 1963, el novelista James Baldwin le dijo a un reportero: «Crees que tu dolor y tu angustia son algo sin precedentes en la historia del mundo, pero luego lees. Fueron los libros los que me enseñaron que lo que más me atormentaba era precisamente lo que me conectaba con toda la gente que estaba o había estado viva».

Escribo lo que oculto porque la incomprensión se alimenta de la soledad. Ojalá, cuando acabes *La emperatriz*, seamos dos personas menos solitarias en el mundo.

Gracias siempre.

Valle

LA EMPERATRIZ

Fui en busca de la emperatriz y la encontré.

¿Cómo puedo salir de aquí?
Entre tanta oscuridad no encontrarás la luz, tienes que serla.

Me recorro de puntillas porque me asusta pisar mi fondo.
Nuestros lugares más oscuros buscan ser de alguien que quiera
[merecerlos.

Ese alguien soy yo, pero cuando grito sale tierra de mi boca.
No distingues enterrarte de plantarte.

Siento que es pronto para llegar tan tarde.
La inmortalidad piensa que es el último momento del siempre.

Está atardeciendo y me asfixia sentir que cada noche es la
[última vez que veo el cielo así.
Quizá te libere saber que también es la última vez que ves tu
[vida así.

Siempre tendré algo que demostrar.

Un sonido no deja de sonar porque alguien no lo escuche.

¿Habrá alguien más en el mundo que se sienta como yo?

Los poemas en la oscuridad dejan de ser creación para ser

[testimonio.

Evitar sufrir es huir del arte.

Entonces, escríbeme.

© Fernando Gómez Foto

Valle Mozas Ubago (Logroño, 1999) es escritora, filóloga y docente.

Su ópera prima, *El comienzo* (Maresía, 2023), se mantuvo meses entre los diez libros de poesía más vendidos de España, le valió el premio a Mejor Libro de Poesía de 2023 por el Ateneo Riojano y el reconocimiento como Talento Joven Riojano en 2024. Desde entonces, Valle Mozas ha participado en numerosos festivales culturales, ha sido ponente en diversos congresos de literatura y escritura, ha impartido cursos de poesía diseñados por ella en la UNED y en la Universidad Popular de Logroño y ha realizado talleres de poesía y creación literaria en múltiples centros educativos de España. Desde este año, forma parte del consejo de redacción de la revista literaria *Fábula*.

Valle ha definido su escritura como «una conversación íntima en un lenguaje compartido». Su poesía, confeccionada en un estilo confesional, directo y sin artificios, sostiene a la cotidianidad como musa y a las complejas y poderosas emociones escondidas detrás de ella como inspiración.

Puedes encontrarla divulgando sobre su trabajo y su literatura favorita en su cuenta de Instagram @vallenklan (¿de qué otra forma llamarse habiendo sido bendecida con ese poderoso nombre?).

La emperatriz es su segundo libro y, como la autora ha afirmado, es, más que un agradecimiento, una ceremonia en honor al papel que la capacidad de crear y escribir tienen en su vida.

Todas las erratas de este libro
han sido colocadas estratégicamente.